EINE VISION WIRD WIRKLICHKEIT

EINE VISION

WIRD WIRKLICHKEIT

Auf historischem Grund:
Die ELBPHILHARMONIE entsteht

Text: Till Briegleb
Fotos: Oliver Heissner u.a.

MURMANN

Die Deutsche Bibliothek – CIP-Einheitsaufnahme
Ein Titelsatz für diese Publikation ist bei
der Deutschen Bibliothek erhältlich.
ISBN 978-3-938017-91-3

Das Werk, einschließlich aller seiner Teile, ist urheberrechtlich
geschützt. Jede Verwertung ist ohne Zustimmung des Verlages unzulässig.
Dies gilt insbesondere für Vervielfältigungen, Übersetzungen, Mikroverfilmungen
und die Einspeicherung und Verarbeitung in elektronischen Systemen.

1. Auflage März 2007
Copyright © 2007 by Murmann Verlag GmbH, Hamburg.

Text- und Bildredaktion: Hella Kemper, Hamburg
Umschlaggestaltung: Rothfos & Gabler, Hamburg
Herstellung und Gestaltung: Eberhard Delius, Berlin
Satz: Reihs Satzstudio, Köln
Gesetzt aus der Conduit
Druck und Bindung: Medialis GmbH, Berlin
Printed in Germany

Besuchen Sie uns im Internet: www.murmann-verlag.de

Ihre Meinung zu diesem Buch interessiert uns!
Zuschriften bitte an **info@murmann-verlag.de**
Den Newsletter des Murmann Verlages können sie anfordern unter
newsletter@murmann-verlag.de

KAISERSPEICHER

Eröffnung: 1875
Speicherfläche: 19 000 Quadratmeter
Architekt: Johannes Dalmann
Abriss: 1963

KAISPEICHER A

Eröffnung: 1966
Speicherfläche: 30 000 Quadratmeter
Architekt: Werner Kallmorgen

ELBPHILHARMONIE

Baubeginn: 2. April 2007
Einweihung: Sommer 2010
Höchster Punkt: 110 Meter
Plätze im großen Konzertsaal:
ca. 2150
Generalplaner:
Herzog & de Meuron mit
Höhler + Partner

Kaiserspeicher, Kaispeicher A, Elbphilharmonie
– Eine Vision wird Wirklichkeit –

Wenn im Jahr 2010 die neue Elbphilharmonie eröffnet wird, dann steht an dieser prominenten Kaispitze im Fluss nicht nur ein stolzes neues Wahrzeichen der Stadt, eine aufregend verglaste Konzerthalle, umhüllt von vielfältigen spektakulären Räumen. Das glitzernde Gebirge aus Wellen und Tropfen auf dem kantigen Kubus des Kaispeichers A, entworfen von den Schweizer Architekten Herzog & de Meuron, wird von Beginn an auch das Denkmal für eine untergegangene Kultur sein. Denn durch seine intelligente und schöne Symbiose aus Alt und Neu bewahrt die Elbphilharmonie an diesem historischen Schauplatz ein weithin sichtbares Andenken an das einstige Herz der Hansestadt. Der ursprüngliche Hamburger Hafen, wie er sich vom 12. bis zum Ende des vergangenen Jahrhunderts hier ausbreitete, wird dann fast vollständig verschwunden sein. Aber der rot leuchtende Backsteinquader, auf dem sich das bizarre Hochhaus türmen wird, bewahrt physisch die Erinnerung an die ursprüngliche Bestimmung des Ortes – an seine raue Schönheit, seine Geschichten, seinen Wandel und seine Krisen.

Obwohl von den Zeugnissen der Vergangenheit das meiste nur noch in Archiven und Museen zu finden ist, behält die Geschichte des Ortes ihren Einfluss auf die aktuelle Entwicklung. Die räumliche Struktur etwa verdankt die HafenCity früheren Hafenplanungen, und als romantisches Bild wirkt die Vergangenheit immer noch stark atmosphärisch auf die Wahrnehmung des Gebietes. Und auch Architektur und Symbolwirkung der Elbphilharmonie werden erst dann richtig plausibel, wenn sie als Kristallisationspunkt einer langen historischen Entwicklung verstanden werden. Seit Jahrhunderten schon liegt das Energiezentrum der Hansestadt auf und rund um den Großen Grasbrook, auf dem die heutige HafenCity mit der Elbphilharmonie entsteht.

Schon als auf der großen Insel vor den Toren der Stadt noch Kühe und Pferde grasten und höchstens beherzte Spaziergänger durch die sumpfigen Auen stapften, war der Grasbrook bereits Schauplatz einer berühmten Seefahrergeschichte, genauer genommen ihres Endes. Denn hier wurden der Sage nach 1400/1401 die Vitalienbrüder mit ihren Kommandanten Klaus Störtebeker und Godeke Michels enthauptet, welche vorher mehrere Jahre lang mit Beutezügen in der Ost- und Nordsee den Hamburger Handel bedroht und kontrolliert hatten. Heute steht ein herrisches Störtebeker-Denkmal vor dem Schulungszentrum von SAP am Großen Grasbrook, wo die Hinrichtungen stattgefunden haben sollen.

Auch wenn die eigentliche Entwicklung des Grasbrooks zur Kernzelle der Hamburger Wirtschaft noch ein paar Jahrhunderte auf sich warten ließ, so war die Insel bereits im 13. Jahrhundert Teil der ersten Hamburger Hafenentwicklung. Am südöstlichen Ufer stand als Seezeichen eine Bake, die den Schiffen zur Orientierung diente und später Namensgeber des Baakenhafens wurde. Als Begrenzung zur Norderelbe bot die westliche Spitze dem Binnenhafen am Nikolaifleet Schutz. Dieser erste Flusshafen der Stadt – vorher gab es seit dem 9. Jahrhundert in der Hammaburg und später in der sich entwickelnden Stadt nur Anlegestellen – entstand 1258 mit dem Durchstich des heute noch bestehenden Zollkanals als Verbindung von Alster- und Billemündung. Als Weide und Richtstätte, als Fläche, auf der die Tuchmacher ihre Stoffe zum Bleichen auslegten, wurde das Gebiet bei Hochwasser überflutet und blieb so als Insel vor der Stadt zunächst von baulichen Eingriffen verschont, zumal das Wohnen hier ausdrücklich untersagt war. Aus Angst vor »lichtscheuen Elementen«, die von dort aus Raubzüge in die Stadt unternehmen könnten, verbot die Hamburger Obrigkeit 1548 ausdrücklich das Hausen vor allen Stadttoren.

Geteilt und damit zumindest im nördlichen Bereich in die Stadt integriert wurde der Grasbrook durch die mächtige Befestigungsanlage, die der niederländische Baumeister Johan van Valckenburgh zwischen 1616 und 1625 für die Hansestadt errichtete und die als damals massivste Verteidigungsanlage in Europa Hamburg vor den Grausamkeiten des Dreißigjährigen Kriegs bewahrte. Sechs mächtige Bastionen mit einem breiten Wassergraben davor stachen nun zwei Jahrhunderte lang in den süd-

lichen Teil des Marschlandes. Bis auf das aus Holz bestehende und in den Binnenhafen ragende Hölzernwams waren sie, wie alle 22 Bastionen des Wallrings, benannt nach damaligen Ratsherren, hier: Ericus, Nicolaus, Gerhardus, Ditmarus und Hermanus.

Der eingemeindete Teil der Elbinsel wurde die Heimat von Valckenburghs Landsleuten, die im Zuge der Befreiungskriege Hollands gegen Spanien, der katholischen Gegenreformation und wegen anderer Schicksalsschläge aus den Niederlanden geflohen waren. Dank Hamburgs liberaler Politik fanden die meist wohlhabenden und qualifizierten Flüchtlinge Aufnahme in der Stadt und mehrten in den folgenden Jahrzehnten beträchtlich deren Reichtum. Die niederländischen Kaufleute legten das Feuchtgebiet trocken und bauten das Wandrahm- und Kehrwiederviertel, das dann im 19. Jahrhundert dem Bau der Speicherstadt weichen musste. Die Namen Holländischer Brook und Holländisches Brookfleet erinnern noch heute an die ersten Bewohner des Grasbrooks — und damit an eine bedeutende europäische Migrationsgeschichte, in der Hamburg eine wichtige Rolle gespielt hat.

Nach dem Bau des Wallrings konnten die Hamburger den Großen Grasbrook nur noch durch zwei Bastionstore, Sandthor und Brookthor, betreten. Bis zum Anfang des 19. Jahrhunderts behielt dieses Vorland seine Elbparkfunktion für die Stadt. Gärten, Bootsanleger und kleine Werften siedelten sich hier an, und dank befestigter Wege ließ es sich auf dem weichen Boden mittlerweile auch ohne derbes Schuhwerk schön flanieren.

Dass von diesem Naturidyll am Fluss heute nichts mehr zu ahnen ist, liegt an der industriellen Umgestaltung der Insel im 19. Jahrhundert. Dennoch haben sich bis in die Gegenwart Pflanzen- und Tierwelt den Grasbrook in Zeiten wirtschaftlicher Krisen immer wieder zurückerobert. So verwandelten sich die unbenützten Gleisanlagen zwischen Ericusspitze und Elbbrücken in den letzten Jahrzehnten zu einem wilden Grünstreifen. Verfallene und zugewachsene Wärterhäuschen, versteckte Nistplätze von Vögeln und Kleinnagern unter Brücken und in den Wiesen sowie unkontrollierter Wildwuchs aus herbeigewehten Samen schufen in diesem Teil des Freihafens ein abenteuerliches Stück Urwald mitten in der Stadt.

Überraschend ist, dass der Grasbrook mit seiner prädestinierten Lage – zentrumsnah und mit direkten Ufern zur Elbe – erst im späten 19. Jahrhundert für den Hafen erschlossen wurde. Die Stadt hatte sich bereits im 16. Jahrhundert zur wichtigsten Hafenstadt des Deutschen Reichs entwickelt, aber mit dem Ausbau der Kaianlagen kam die Stadt der Entwicklung nicht immer hinterher und beschränkte sich lange Zeit auf Provisorien.

Ende des 16. Jahrhunderts legten bereits die meisten Segelschiffe nicht mehr an Land, sondern an so genannten Duckdalben an, im Grund eingerammten Pfählen, weil der Binnenhafen zu klein und nur tideabhängig befahrbar war. Hier wurden die Schiffe entladen und die Waren mit Schuten und Ewern zu den zahlreichen Kontoren und Speichern an die innerstädtischen Fleete weitertransportiert. Mit dem Bau von Valckenburghs Befestigungsanlage wurde diese Reede, der so genannte Niederhafen (an der Stelle der heutigen Landungsbrücken), dann in den Wallring einbezogen, aber seine Kapazität reichte schon Ende des 18. Jahrhunderts nicht mehr aus. Immer neue Reihen von Duckdalben erweiterten den Hafen in den Strom hinaus, sodass bald mehrere Staffeln von Segelmasten den Blick auf den Fluss beherrschten.

Dieser Mastenwald galt als schönstes Motiv Hamburger Seefahrtsromantik und Betriebsamkeit, aber wirtschaftlich betrachtet war er mehr ein Zeichen dafür, dass Hamburg über 200 Jahre lang den Erfordernissen des Schiffsverkehrs nicht mit den nötigen Modernisierungsmaßnahmen nachgekommen war. Der Senat scheute horrend teure Erweiterungsprojekte, bis die industrielle Revolution, das Aufkommen der Dampfschifffahrt mit gigantischen Steigerungsraten im Warenumschlag und die Konkurrenz anderer Seehäfen wie Bremen Hamburg dazu zwangen, einen modernen, internationalen Hafen zu entwickeln. Mit diesem Schritt begann die Umwandlung des Graslandes an der Elbe zunächst zu modernen Kaianlagen mit Schuppen, Kränen und Speichern und heute, 150 Jahre später, zu einer Wohn- und Geschäftsstadt auf der Tabula rasa des alten Freihafens.

Johannes Dalmann, der Namensgeber des Dalmannkais, an dessen westlicher Spitze die Elbphilharmonie entsteht, gilt heute als Planer

und Gestalter der ersten Hafenbecken und Kaianlagen auf dem Grasbrook. Als er 1856 den Posten des Wasserbaudirektors übernahm, lag bereits eine dreißigjährige Debatte über eine zukunftsfähige Hafenerweiterung vor, nur war noch immer kaum etwas geschehen. Lediglich die Aufhöhung des Grasbrooks mit Abrissmaterial der alten Festung, die abgetragen wurde, um die damals am dichtesten besiedelte Stadt Europas aus dem Korsett zu befreien, war durchgeführt worden (65 000 Menschen lebten 1840 in Hamburg pro Quadratkilometer, heute sind es im Altstadtring nur rund 2200, selbst eine Megacity wie Bombay erreicht nur 30 000 Einwohner pro Quadratkilometer).

Doch 1860 wurde Dalmanns Konzeption, die den Aushub zweier Hafenbecken mit steinernen Kaianlagen und Eisenbahnanschluss auf dem Grasbrook vorsah, Generalplan. 1862 begann die Stadt damit, an Stelle des vormaligen Wehrkanals vor dem Befestigungswall das erste künstliche Hafenbecken, den Sandthorhafen, auszuheben. Zunächst nur auf der nördlichen Seite, am Sandthorkai, versah man das neue, circa einen Kilometer lange Becken mit einem hölzernen Vorsetzen aus Eichenpfählen, mit Gleisen, Schuppen und erstmals mit einer ganzen Batterie von Kränen, die den Güterumschlag effizienter machen sollten als das Löschen auf dem Rücken der Schauerleute.

Dieser erste Dampfschiffhafen, der 1866 mit dem Absingen der Hammonia-Hymne feierlich eröffnet und mit dem Anlegen der Dampfer »Germania« und »Planet« seiner Funktion übergeben wurde, gibt auf zeitgenössischen Fotografien ein Bild theatralischen Kuddelmuddels ab. Trotz der neuen landseitigen Entladung an den Kais, wo die Güter entweder gleich auf die Eisenbahn oder zunächst zum so genannten Puffern und Sortieren in die Schuppen gebracht wurden, fand der wasserseitige Verladeprozess weiter statt. Lastboote der unterschiedlichsten Größe lagen in mehreren Reihen hinter den Dampfschiffen im Wasser, um Teile der Ladung wie vor Jahrhunderten durch die engen Fleete zu den Speichern der Altstadt zu bugsieren. Auch an Land prägte diese Übergangszeit zwischen mittelalterlichen und industriellen Verlademethoden das Bild des Hafens. Einfache und übervoll beladene Pferdefuhrwerke blieben das primäre Beförderungsmittel, aber auch Handkarren waren überall

in Gebrauch. Die menschliche Arbeitskraft bestimmte trotz rauchender Schlote und großer Maschinen immer noch den Rhythmus des Hafens.

Heute steht an dieser Kaianlage die erste Reihe Wohn- und Geschäftshäuser der HafenCity. Mit der Speicherstadt im Rücken und auffallend über die Kaianlage des Sandtorhafens gebeugt, erzeugt das Architekturensemble eine stille, aufgeräumte und schicke Atmosphäre. Wo vor hundert Jahren Nutzbauten, Arbeitslärm und ein hektisches Gewimmel aus Booten und Fuhrwerken die Szenerie bestimmten, ist eine vornehme Steifheit eingezogen, die ihrer Belebung noch harrt.

Dieser Bruch mit der Vergangenheit steht durchaus in der Tradition des Hafens. Damit setzt sich der natürliche Wandel dieses Gebiets fort, das sein gesamtes Erscheinungsbild immer der Nützlichkeit verschrieben hatte und auf dem deswegen relativ emotionslos Altes durch Neues ersetzt wurde.

Diese stete Modernisierung nach den Vorgaben der Wirtschaftlichkeit machen den Geist dieses Ortes aus – und das gilt auch für die Entscheidung, hier die HafenCity anzulegen, um eine zeitgemäße Nutzung dieses Areals zu ermöglichen. Dennoch hatten die bröckelnden Fabrikanlagen und Kais, die stark riechenden Kaffeebetriebe, die mit Unkraut bewachsenen Schuppenanlagen und das wellige Kopfsteinpflaster, also die Zeugnisse der alten Geschichte, die jetzt dem Großprojekt HafenCity weichen, dem brachliegenden Ort für eine Zeit des Übergangs zu einer gewissen urtümlichen Schönheit und Identität verholfen. Diese Atmosphäre ist nun unwiederbringlich verloren.

Der Kontrast zwischen der kühlen Welt des Designs und der Energie des alten Hafens wird auf der gegenüberliegenden Landzunge des Sandtorhafens noch deutlicher, da am Sandtorkai die Kulisse der Speicherstadt eine historische Referenz bietet. Auf Dalmannkai und Kaiserkai – Letzterer wurde zu Ehren des 1871 gegründeten deutschen Reichs und seines Oberhaupts so benannt – ist der Kaispeicher A das einzige Relikt der Hafengeschichte, das überlebt hat. Wo vor wenigen Jahren noch Schuppen und andere Gebäude des brachgefallenen Hafens standen, entwickeln sich neben der Baustelle der Elbphilharmonie 23 weitere Wohn- und Geschäftshäuser in zeitgenössischem Architekturkleid. Vor allem der

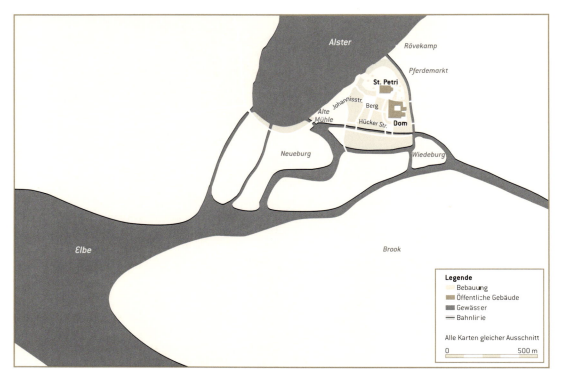

Hamburg um 1150

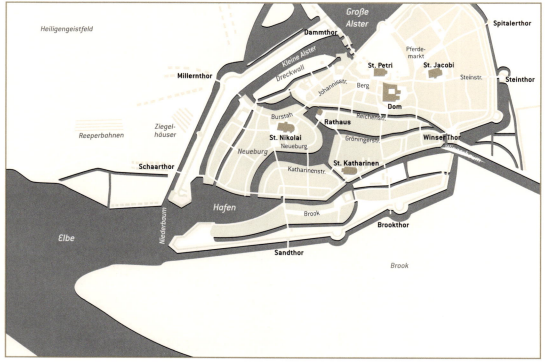

1550

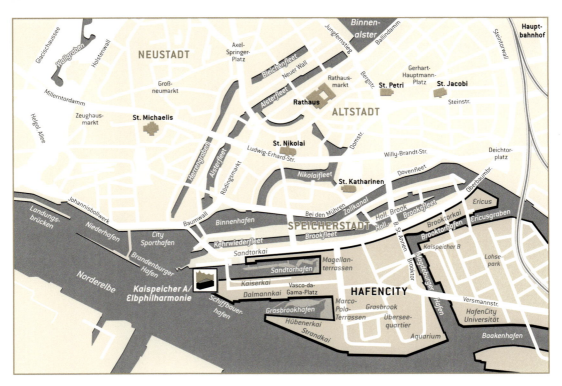

Vergleich zu den Bauwerken des Vorkriegshafens, zu den flachen Fachwerkschuppen mit Dachpappe, die seit Ende des 19. Jahrhunderts hier in Reih und Glied standen, könnte nicht gravierender sein. Deren Funktionsarchitektur prägte als Hintergrund das Bild von der hektischen, verstopften Hafenwelt mit ihren mürrischen Gesichtern unter Mützen und Elbseglern, mit den beschürzten Frauen, die den Männern das Mittagessen auf Booten zur Arbeit brachten, und den beliebten Bierkarren der »fliegenden Krüger« für das flüssige Brot zwischendurch.

In gleichbleibenden Reihen von mehreren hundert Metern zogen sich die Schuppen auch über das nächste Hafenbecken: Dalmannkai und Hübenerkai, die bis 1881 fertiggestellt wurden, umarmten nun den Grasbrookhafen, das zweite neue Becken, das Anfang der siebziger Jahre des 19. Jahrhunderts in die ehemalige Insel gefräst worden war. Zur Elbe hin wurde schließlich als letzter Kai der Dalmann'schen Anlage 1884 der Strandkai eröffnet, der vielleicht die schönste Aussicht des Grasbrooks auf den Fluss bietet und deswegen 120 Jahre später im Zuge der Hafen-City-Planung ein begehrter Ort für Investoren ist.

Das einzige Gebäude, das sich in diesem Gebiet gegen Ende des 19. Jahrhunderts der billigen und ornamentlosen Gebrauchsarchitektur des Hafens widersetzte, war der Kaispeicher A, nach seinem Standort am Kaiserkai auch Kaiserspeicher oder Kaiserkaispeicher genannt. Das Gebäude wurde stolz an der Spitze der mittleren Landzunge, dem Kaiserhöft, platziert, mit der Schaufassade stromabwärts. Es war Dalmanns letzte prägende Tat für den Hafen. Er starb im Jahr der Eröffnung, 1875, doch sein Entwurf (gemeinsam mit Wilhelm Hauers) eines kirchenähnlichen Monumentalspeichers sollte bis 1963, als der zum Ende des Zweiten Weltkriegs schwer beschädigte Bau abgerissen wurde, als stolzes Wahrzeichen des Hamburger Hafens dienen.

Der Kaiserspeicher, der als Vorbild für die später errichtete Speicherstadt diente, war als Lagerhaus konzipiert, das direkt von den Seeschiffen, ohne Zwischentransporte durch Schuten und Ewer, befüllt werden konnte. Als solches blieb der Kaiserspeicher auch nach dem Bau der Speicherstadt, die nur von Fleeten aus erreicht werden konnte, einmalig. Das Gebäude bildete ein gleichschenkliges Dreieck von 100 Metern Seitenlänge mit einem offenen Innenhof, in den Güterzüge auf drei Gleisen einfahren konnten. Auf sechs Etagen besaß er 19 000 Quadratmeter Speicherfläche, hydraulische Kräne und einen als Schauturm verkleideten Schornstein für die Dampfkesselanlage, an dessen Spitze auf 50 Meter Höhe der berühmte Zeitball auf einem Metallgerüst befestigt war. Dieser hob sich – durch Tastendruck eines Astronomen in der Hamburger Sternwarte am Millernthor – jeden Tag zehn Minuten vor zwölf langsam an einem Seil, um dann pünktlich zur Mittagszeit drei Meter hinabzufallen. Noch bis 1939 war dieser Zeitball das Maß aller Mittagspausen im gesamten inneren Hafengebiet.

Architektonisch nahm der Speicher – in dezenterer Form als die spätere Speicherstadt – den Hang zu gotischen Formen vorweg. Vor allem der Hauptturm, aber auch die Ladetürme sowie Fenster und Torgestaltungen wagten die Assoziation zu Kathedralbauten des Mittelalters, auch wenn die Gesamterscheinung im dunklen Backstein keinen Zweifel an der wirtschaftlichen Funktion des Gebäudes ließ. Die damals erkleckliche Summe von 1,5 Millionen Mark bezahlten die Hamburger Steuerzahler für die Errichtung des neuen Hamburger Wahrzeichens.

Dass der Kaiserspeicher überhaupt fast neunzig Jahre solcherart als Landmarke wahrgenommen werden konnte, lag auch an seiner einsamen Größe auf der Landzunge. Ähnlich wie bei der Elbphilharmonie, die ihre räumliche Wucht daraus gewinnen wird, dass die Bauten auf dem dahinterliegenden Dalmannkai wesentlich niedriger ausfallen, entwickelte sich die Dominanz des Kaiserspeichers aus seiner Umgebung. Ursprüngliche Überlegungen von Dalmann, die neuen Kaianlagen mit weiteren Speichern zu bebauen und damit das Erscheinungsbild zu schließen, wurden durch den Bau der Speicherstadt, der 1881 beschlossen worden war, obsolet. Also lagen in den kommenden Jahrzehnten hinter dem Kaiserspeicher nur flache Schuppen und der unansehnliche Bau der Kaffeeklappe Nr. 16, in dem die Hafenarbeiter ein günstiges Mittagessen inklusive Bier erhielten. Somit wurde die Monumentalwirkung des Speichers nie durch andere Gebäude beeinträchtigt.

Die Errichtung des weltgrößten Ensembles an Speicherbauten zwischen 1883 und 1912 war für die Hamburger Stadtentwicklung ein dominantes Ereignis. Die Lagerhäuser waren im Zuge des Zollanschlusses Hamburgs an das Deutsche Reich entstanden, der 1881 zwischen Bismarcks Reichsregierung und Hamburg ausgehandelt worden war. Dadurch reduzierte sich der Freihandelsstatus, der bis dahin für die gesamte Stadt gegolten hatte, auf ein Freihafengebiet, in dem auf die Waren keine Zölle erhoben wurden. Um der Konzentration des Warenhandels in dem Gebiet hinter dem Zollkanal baulich mit genügend Speicherfläche zu begegnen, war die Errichtung des Lagerhausensembles beschlossen worden.

Für die Entwicklung der HafenCity und ihres bisher größten Projektes, der Elbphilharmonie, bedeutet der Bau der Speicherstadt ein historisches Vorbild, weil hier erstmals in Hamburg eine radikale Stadterneuerung umgesetzt wurde. Der große Brand von Hamburg 1842 hatte zwar ebenfalls eine Tabula rasa geschaffen, die einer neuen Stadtkonzeption ungeahnte Chancen bot. Aber erst mit dem Projekt Speicherstadt wurde auf einen Regierungsbeschluss hin ein ganzes Stadtviertel dem Erdboden gleichgemacht, um Platz für eine völlig neue Nutzung des Gebietes zu schaffen. Mit der Entwicklung der HafenCity wiederholt sich dieser Prozess unter neuen Vorzeichen. Mussten die Wohnbauten damals der Hafenentwicklung weichen, so verschwinden die Hafenbauten jetzt für eine Wohn- und Bürostadt.

Bevor Kaiser Wilhelm II. am 29. Oktober 1888 mit der Schlusssteinlegung des ersten Bauabschnitts der Speicherstadt an der Brooksbrücke das neue Ensemble seiner Funktion übergeben konnte, hatte das komplette Stadtviertel, das sich an dieser Stelle befand, niedergelegt werden müssen. Betroffen war das Kehrwieder- und Wandrahmviertel, das der Altstadt hinter dem Zollkanal am nächsten lag, also der Teil der Stadt, den die holländischen Flüchtlinge im 17. Jahrhundert aufgebaut hatten. Mit seinen für Hamburg eher untypischen Grachten und kleinen Gärten, seinen schönen Bürger- und Fachwerkbauten, seinem Milieu aus Wohlstand und derbem Hafenklima ist das Quartier vor dem Abriss noch einmal fotografisch dokumentiert worden. Diese Aufnahmen vermitteln heute das Gefühl von einem verlorenen Paradies der Urbanität. Vor allem im östlichen Wandrahmviertel standen kostbare Patrizierhäuser aus dem Barock, die ohne Bagger und Brandbomben heute zu den begehrtesten Wohnadressen der Stadt zählen würden. Im Kehrwiederviertel – dessen Name übrigens nicht von der Seefahrersehnsucht stammt, heil in den Heimathafen zurückzukehren, sondern einfach Sackgasse bedeutet – lebten dagegen überwiegend Hafenarbeiter und ihre Familien in den typischen Althamburger Fachwerkbauten.

Standortalternativen, mit denen der im Februar 1883 beschlossene und ab November durchgeführte Abriss des gesamten Gebiets hätte vermieden werden können, gab es natürlich in weiter entfernt liegenden, unbewohnten Teilen des neuen Freihafens, etwa am Baakenhafen. Aber die praktischen Argumente der Hamburger Kaufleute, die eine schnelle fußläufige Anbindung an die Kontore der Altstadt favorisierten, gaben den Ausschlag für die stadtnahe Lösung. In der Zeit bis 1888 verschwand somit erst das Kehrwiederquartier und mit dem zweiten Bauabschnitt einige Jahre später dann auch das Wandrahmviertel. 23 778 Bewohner wurden insgesamt umgesiedelt.

Dies war gleichzeitig die Ouvertüre zur Vertreibung des innerstädtischen Wohnens in Hamburg. Nach der Zwangsumsiedlung der Hafenarbeiter aus dem Kehrwiederviertel Richtung Barmbek, St. Pauli oder Hammerbrook traf es in den folgenden Jahrzehnten mit dem Abriss des Gängeviertels für den Aufbau einer Geschäftsstadt wiederum vor allem die proletarische Bevölkerung, die traditionell in der Kernstadt lebte. Von ihren neuen Wohnsitzen in den Hamburger Vororten mussten sie nun stundenlang zu Fuß zur Arbeit in den Hafen gehen, da sie sich die Pfennige für die Straßenbahn nicht leisten konnten. Gleichzeitig wurde mit dieser Entwicklung jene fatale Monostruktur aus Kontor- und Geschäftshäusern in der Innenstadt geschaffen, an der Hamburg seit vielen Jahrzehnten leidet. Die Hamburger Innenstadt ist in den meisten Teilen nach 20 Uhr die trostlose und zugige Erscheinung einer Stadt, die ihre Lebendigkeit dem puren Geschäftemachen geopfert hat – eine einst belebte Innenstadt wurde zu einem Businessdistrict mit ein paar Kirchen ohne große Gemeinde und schöne Museen.

Die Konzeption der HafenCity versucht aus dieser Fehlentwicklung Lehren zu ziehen. Der Bebauungsplan sieht vor, dass in dem neuen Stadtteil Funktionen wieder gemischt werden wie in der traditionellen europäi-

schen Stadt: Wohnen, Arbeiten, Konsum und Kultur auf fußläufiger Distanz können dafür sorgen, dass ein Stadtteil sich nicht nur zu Stoßzeiten füllt und leert, sondern zu jeder Tageszeit belebt und attraktiv ist.

Bei aller Skepsis, ob eine Stadt vom Reißbrett wirklich zu einem funktionierenden Ganzen zusammenwachsen kann, können Speicherstadt und HafenCity dennoch beide für die gleiche Erkenntnis herhalten: Ob es gelingt, eine vitale Stadt neu aufzubauen, ist keine Frage der Architektur. Viel bedeutender ist, welche Vielfalt hinter den Fassaden erwünscht und von der Stadtplanung gefördert wird. In diesem Sinne ist die Speicherstadt natürlich ein Negativbeispiel. Denn der Komplex, der in mehreren Bauabschnitten zwischen 1883 und 1912 im Stil der Backsteingotik der Hannoverschen Schule errichtet wurde, hat zwar wegen seiner Architektur bereits im 19. Jahrhundert Touristen angezogen, die das homogene, als mittelalterliche Burgfassade maskierte Lagerhausensemble bewunderten. Diese Architektur spricht Menschen bis heute an. Dennoch blieben Speicherstadt und Freihafen stets gefühltes Ausland hinter einem Grenzzaun. Der Grund lag in der monofunktionalen Bestimmung. Wohnen war in dem Gebiet von Anfang an kategorisch ausgeschlossen. Bis zur Aufhebung der Freihandelszone für die Entwicklung der HafenCity am 1. Januar 2003 durfte über hundert Jahre niemand in dem riesigen Gebiet zwischen Elbbrücken und Waltershof auf beiden Seiten des Flusses gemeldet sein. Allerdings gab es immer wieder Situationen, in denen dieses Verbot umgangen wurde. So lebte Werner Kallmorgen, der Architekt des Kaispeichers A aus den sechziger Jahren, zum Kriegsende behelfsweise in einem alten Zollgebäude am Alten Wandrahm.

Die neuerliche Umstrukturierung des ehemaligen Freihafengebietes zur HafenCity mit einem starken Anteil an Wohnbebauung gerade auf den ehemaligen Kais des ersten Hafenabschnitts folgt in ihrer Grundkonzeption zwar der Idee gemischt genutzter europäischer Städte. Als problematisch für eine vitale Entwicklung, die auch die gewöhnlichen Anziehungspunkte des städtischen Lebens wie Kneipen, Bäcker und kleine Geschäfte integrieren will, könnte sich aber das völlige Fehlen von alter Bausubstanz herausstellen. Durchgeplante Neubauviertel – das zeigt die Erfahrung aus vielen ähnlichen Projekten in der Welt – gewinnen häufig

nur dort eine eigenständige Persönlichkeit, wo Nischen des Alten stehen bleiben, in denen sich der klassische Kiosk, das Künstleratelier oder ein Plattenladen einnisten können. Voraussetzung dafür sind billige Mieten und ein Ambiente, das den Mietern Gestaltungsräume für ihre eigenen Ideen bietet. Davon bleibt in der HafenCity nach dem Abräumen aller Schuppen und alten Gebäude nichts mehr. Nur der Kaispeicher A zeigt in großer Dimension diese Kraft. Als Sockel für einen eigenwilligen Architekturentwurf beweist er die stimulierende Wirkung des Alten für die Erneuerung der Stadt.

Der Zweite Weltkrieg hat im Hafengebiet inklusive der Speicherstadt das meiste an historischer Bausubstanz zerstört; neunzig Prozent der Schuppen waren bei Kriegsende zerstört, nur noch ein Viertel der Kaistrecken war bedingt einsatzfähig, und Siegfried Lenz beschrieb den im Bombenhagel zerstörten Hafen als »eine kolossale Grabkammer für mehr als dreitausend Wracks«, die in den Hafenbecken auf Grund lagen. In der zur Hälfte zerstörten Speicherstadt klafften grässliche Lücken, und auch der Kaiserspeicher war eine Ruine. Der Turm mit dem Zeitball stand zum Kriegsende noch, aber die Seitenflügel hatten 1943 so starke Treffer erhalten, dass eine Weiternutzung kaum möglich schien. Dennoch wäre das Gebäude rekonstruierbar gewesen, da ein Großteil seiner Außenwände stehen geblieben war. Doch die Verantwortlichen blieben der traditionell unsentimentalen Art der Hamburger Stadtentwicklung treu und legten den Kaiserspeicherrest nieder.

Es gab zwischenzeitlich Überlegungen, zumindest den intakten Turm mit seinem Zeitball als Landmarke vor einem neuen Speicherbau zu erhalten, allerdings wurde diese als Kirchturmlösung verspottete Variante schnell wieder verworfen. 1963, nachdem das Gebäude zwanzig Jahre als Ruine seiner alten Wahrzeichen-Funktion hatte dienen dürfen, wurde es an einem schmuddeligen, grauen Tag Ende April gesprengt. Kurz darauf begann der Neubau des Kaispeichers nach einem Entwurf von Werner Kallmorgen, der als federführender Architekt auch für die Wiederherstellung der Speicherstadt zwischen 1946 und 1967 verantwortlich war. Mit seinen Bauten, etwa dem Spiegel-Hochhaus und dem benachbarten IBM-Hochhaus, dem Allgemeinen Krankenhaus Altona oder dem Barlach-Haus im Jenisch-Park, prägte er das Stadtbild Hamburgs nach dem Krieg mit einigen bedeutenden Zeugnissen der Moderne.

Obwohl sich zu diesem Zeitpunkt bereits abzeichnete, dass die Zukunft des Seewassertransports dem Container gehören würde, wurde der neue Kaispeicher A noch als klassischer Lagerraum für Stückgut errichtet. Auf rund 30 000 Quadratmetern, und damit auf deutlich mehr Fläche als das Dalmann'sche Original (der Innenhofbahnhof war weggefallen, und der neue Speicher hatte einen Boden mehr), wurden hier einige Jahre lang Millionen Säcke Kaffee und Kakao gelagert. Doch die innere Organisation des Lagerhauses stellte sich bald als großes Hemmnis heraus. Kallmorgen hatte bei seinem Entwurf ein zu enges Stützenraster gewählt, um die Deckenstärke der Böden möglichst gering zu halten. Das behinderte die Arbeit in dem Gebäude: Gabelstapler konnten zwischen den engen Betonsäulen nur schwer manövrieren, und die bald standardmäßig eingesetzte Euro-Palette passte nicht in das Raster. In jeder Reihe wurde so mindestens ein halber Meter Lagerplatz verschenkt. Die ursprüngliche Idee, den Kaispeicher bei der Realisierung der Elbphilharmonie vollständig in ein Parkhaus umzuwandeln, scheiterte nicht zuletzt an diesem Stützenproblem, da schon ein mittelgroßer Pkw auf den Lagerböden kaum wenden kann.

Auch architektonisch war Kallmorgens Entwurf keineswegs unumstritten. Der puristische, nahezu fensterlose und grobkantige Backsteinquader mit der großen quadratischen Aushöhlung auf seiner Seite zur Stadt fand zwar vehemente Verfechter. Das bauhistorische Standardwerk »Hamburg und seine Bauten«, das seit 1868 das Neubaugeschehen der Stadt begleitet, lobte den Kaispeicher A als »bedeutendstes Beispiel« einer neuen Speicherarchitektur und befand: »Der Bau mit seiner eindrucksvollen, geschlossenen und großzügigen Backsteinmasse ist die würdige Nachfolge des vormals zum Wahrzeichen gewordenen Kaispeichers A.« Der Hamburger Kunsthistoriker Hermann Hipp sprach sogar von einem »subtilen Kunstwerk«. Für viele Hamburger und Touristen war und ist der von den Landungsbrücken unübersehbare Kubus aber schlicht ein hässlicher Klotz. Die Wahrheit liegt wohl zwischen diesen Extremen. Kallmorgens asketische Speicherarchitektur besitzt bei aller aggressiven

Dominanz sowohl in der Gesamterscheinung als auch im Detail große Qualitäten. Mit seiner eigenwilligen Trapezform der vier unterschiedlich langen Seiten gewinnt man von dem Volumen des Baukörpers aus jeder Perspektive einen anderen Eindruck – wovon auch die Elbphilharmonie profitieren wird.

Vom Elbstrom her wirkt der Kaispeicher fast schlank und spitz wie ein anderes Hamburger Wahrzeichen, Fritz Högers Chilehaus, von der Kaiseite dagegen breitschultrig und flächig. Die mit Halbportalkränen und vier senkrechten Reihen Ladeklappen bewehrte Südseite erscheint dagegen eher aufgelockert, obgleich sie mit 125 Metern die längste Front des Speichers besitzt, und die direkt aus dem Wasser sich erhebende kürzere Nordseite zum Sandthorhafen, die einst dem Beladen der Binnenschiffe diente, kommt in ihrer verschlossenen Monotonie wie eine Festungsmauer mit Schießscharten daher.

Obwohl er im Zeitgeist einer aufgeklärten Nachkriegsmoderne von Kallmorgen als sachlicher und schmuckloser Nutzbau konzipiert wurde, der gerade deswegen Symbolwert für eine neue, rationale Zeit für sich verlangte, finden sich durchaus romantische und lyrische Spuren in dem vollendeten Kaispeicher A. So wie die Architektur der Speicherstadt mit ihren Spitzfenstern, ihrem Dekor aus Glasurziegeln und Mauerwerk die Assoziation an mittelalterliche Burgen und Schlösser wecken sollte, hat Kallmorgens Speicher die Anmutung einer wehrhaften Bastion an einem idyllischen Bauplatz. Die Südseite dieser Kaffeeburg mit den hundert Gucklöchern bot in den Zeiten der aktiven Nutzung durch die damals neuartigen 20 Ladeluken, die 2,70 Meter aus der Fassade hinausgeklappt werden konnten und dann wie Balkone wirkten, und das Ballett der vier Lastkräne auf den Schienen davor ein faszinierendes Schauspiel. Heute wirkt diese Seite dagegen wie eine romantische Erinnerung an die abstrakte Kunst der Moderne.

Und schließlich hat die Nutzung dem Kaispeicher A noch jene Spuren der rauen Arbeitswelt hinterlassen, die in dem ehemaligen Hafengebiet jetzt so gründlich verschwunden sind: Rost, Pflanzen in Mauerritzen, Grünspan, verwitterter Beton und bröckelndes Mauerwerk überziehen die Außenhaut mit der Schrift der Zeit. Höchstwahrscheinlich wird nach dem Umbau zur Elbphilharmonie von diesen Insignien der alten Nutzung nicht mehr viel übrig bleiben. Architekt Pierre de Meuron lobt zwar die »einzigartige Radikalität und Abstraktion« dieses »stummen Monuments der Nachkriegszeit«. Und sein Partner Jacques Herzog verspricht, dass sein Büro die »sehr schöne schlichte Betonstruktur« möglichst »integral« und »sichtbar« erhalten will. Er möchte für die Besucher, Bewohner und Hotelgäste eine Reise inszenieren, die an dem »rauen industriellen« Ambiente vorbei zur Panoramaterrasse auf dem Dach des Speichers und in den Neubau führe. Doch wird die Ästhetik des Verfalls höchstens sporadisch durchscheinen. Die Eingangshalle, die spektakulär lange Rolltreppe zum Dach, das Parkhaus, eine rustikale Braustube, der Wellness-Bereich des Hotels und der dritte Konzertsaal mit musikpädagogischem Bereich, die alle in dem Sockelbau untergebracht werden sollen, dürften kaum etwas von den Verschleißspuren des vierzig Jahre alten Bauwerks übrig lassen.

Doch immerhin haben diese Nutzungen den Speicher vor dem Abriss bewahrt, der noch wenige Jahre zuvor mit dem ersten Wettbewerb zur Neubebauung des Kaiserhöfts bereits beschlossene Sache gewesen war. Ende der neunziger Jahre standen die Lagerräume auf dem Grasbrook längst leer oder waren kaum ausgelastet wie der Kaispeicher, in dem noch etwas Tabak gammelte. Die Halbportalkräne vor seiner Südfassade bewegen sich seit 1993 nicht mehr, und die Becken und Kais sehen nach der Ausdehnung des Hafens auf der anderen Elbseite und dem Siegeszug des Containerhandels kaum noch Schiffe. Im sonst leeren Sandtorhafen lag mehrere Jahre ein vor sich hin rostendes russisches Frachtschiff, dessen Reederei kein Geld mehr hatte, um es von dort zurückzuholen. Und von den Touristen, die gelegentlich durch die Speicherstadt spazierten, kam auch kaum noch jemand an die Wiege des modernen Hafens auf dem Grasbrook.

Als der Erste Bürgermeister Henning Voscherau 1997 dann aber die Pläne für eine HafenCity der Öffentlichkeit vorstellte, schien das menschenleere Terrain, durch das nur ab und zu ein paar Lastwagen Richtung Elbbrücken donnerten, einer rosigen neuen Zukunft entgegenzusehen. Voscherau erklärte das größte innerstädtische Entwicklungsprojekt Euro-

pas als »Rückkehr der Innenstadt an das Wasser«, die der Stadt eine »prallgefüllte Kriegskasse« bescheren werde. Nüchterner fügte er hinzu: »Die Realität wird das Gelände in Anspruch nehmen.«

Diese Realität war um die Jahrtausendwende der große Hype der neuen Medien. Alle Welt redete von Internet und Privatfernsehen, von den jungen Kreativen, die man an die Stadt binden wollte. Der prominente Platz am Kaiserhöft sollte dem Konzept HafenCity Signalwirkung verleihen – »nicht nur in Bezug auf die Gestalt, sondern auch auf die Funktion«, wie es der Hamburger Oberbaudirektor Jörn Walter erklärte. Diese Funktion schien im Jahr 2001, als sich die Pläne für eine Neubebauung des Kaiserhöfts im Rahmen der HafenCity-Planung konkretisierten, nichts anderes sein zu können als ein gigantisches Medienzentrum.

Im September 2001 wurde das Ergebnis eines international besetzten Realisierungswettbewerbs für den Umbau des Kaispeichers A zu einem »MediaCityPort« vorgestellt. Neben Büroräumen für die »digitale Wirtschaft«, Produktions-, Ausstellungs- und Veranstaltungsbereichen, einem »Inkubator« genannten Start-up-Zentrum für junge Medienunternehmen sowie einer diffus skizzierten Medien-Akademie, die extra für das Gebäude gegründet werden sollte, sah das Konzept auch vor, Wohnlofts und eine 6000 Quadratmeter große Wellness-Landschaft für die gestressten Kreativen hier unterzubringen. 350 Millionen Mark wollte das Investorenkonsortium Euroland für dieses Konzept zahlen, um hier 55 000 Quadratmeter Nutzfläche zu realisieren.

In der Wettbewerbsausschreibung wurde der bauhistorische Wert des Kaispeichers lobend erwähnt und auch auf das damals wegen der Planung nur ruhende Unterschutzstellungsverfahren des Denkmalschutzamtes hingewiesen. Bei ihren Vorschlägen aber scherten sich die meisten der internationalen Stararchitekten kaum um das historische Artefakt. Die österreichischen Faltkünstler von Coop Himmelb(l)au ersetzten den bestehenden Speicher durch eine Luftschlange, die auf allerlei Gebäudeklötzchen ruhte. Das amerikanische Büro Skidmore, Owens, Merrill (SOM) platzierte einige nichtssagende Glasriegel an Stelle des Lagerhauses. Und die Wiener Architekten Delugan Meissl entfernten das alte Gebäude für eine geknickte Hochhausscheibe.

Auch bei den Erstplatzierten des Wettbewerbs für den Umbau überwog die Respektlosigkeit. Die Schweizer Gigon/Guyer ersetzten den Kaispeicher durch einen Chromstahlsockel und stellten keck vier bunte Hochhausscheiben auf das Backsteinpodest. Der Zweitplatzierte, der Pariser Architekt Dominique Perrault, unterteilte den Kubus in fünf Kuchenstücke und ließ diese Lückenarchitektur von einer gigantischen Hochhaustafel beschließen. Nur der Sieger, das niederländische Büro Benthem Crouwel, suchte ernsthaft nach einer Lösung, die den Speicher im Wesentlichen hätte erhalten können. In seiner konvexen, geknickten Form erschien ihr Hochhaus wie das Segel eines roten Bootes, das gerade aufs Land getrieben ist. Das 90 Meter aufragende Glasmonument neigte sich rückseitig über den Speicher, den Benthem Crouwel zwar in seiner Struktur erhalten, aber – zum Zweck besserer Nutzbarkeit – großflächig mit Fensterflächen öffnen und in den sie ein dreieckiges Atrium schneiden wollten. So hätte der Kaispeicher A im Grundriss wieder mehr dem alten Kaiserspeicher von Dalmann geähnelt. Allerdings hätte der Turm nun hinter dem Gebäude statt davor gestanden.

Das Hauptproblem des Wettbewerbs war, dass er keine überzeugende, sondern nur eine akzeptable Lösung für die Aufgabe erbracht hatte, am Kaiserhöft ein Hamburger Wahrzeichen und einen Leuchtturm für die dahinter sich entwickelnde HafenCity zu schaffen. Benthem Crouwels Design wirkte trotz seiner Höhe klobig und bemüht. Die Idee gefalteter Glaskörper war in den achtziger und neunziger Jahren im Zuge der dekonstruktivistischen Architekturmode noch eine bautechnische und ästhetische Sensation gewesen, aber Anfang 2000 musste man diesen Vorschlag als modisch verblüht betrachten. Auf öffentlichen Diskussionen forderten Architekten wie Bürger vehement, dass die Stadt an dieser prominenten Stelle eine öffentliche Nutzung à la Sydney-Oper, Freiheitsstatue oder Eiffelturm bräuchte.

Das Problem regelte der Markt dann von ganz allein. 2002 sollte eigentlich Baubeginn sein, doch die Vermarktung der Immobilie zündete nicht. Zum einen schlitterten die Medienbetriebe nach dem Platzen der großen Internetblase in eine handfeste Krise. Nahezu alle Verlags- und Medienhäuser entließen Mitarbeiter, und der Umzug in eine schicke teure

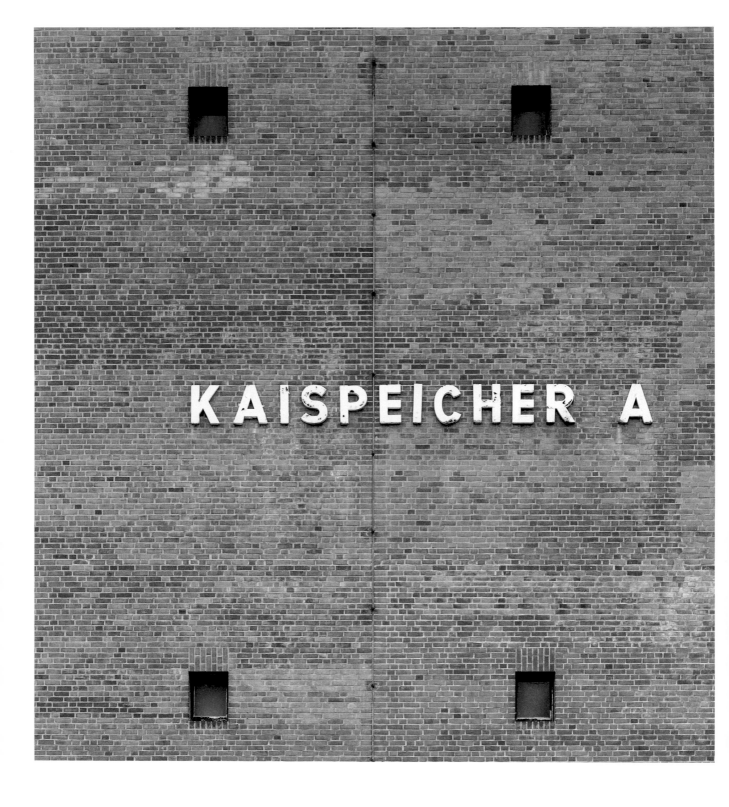

Repräsentanz war nun niemandem mehr zu vermitteln. Zum anderen unterschätzten die Vermarkter die Individualpsychologie der Medienbetreiber, die überhaupt keine Neigung zeigten, mit unzähligen anderen Konkurrenten unter einer gemeinsamen Adresse zu firmieren.

Auch eine komplette Überarbeitung des Entwurfs durch Benthem Crouwel konnte die Medienbetriebe nicht umstimmen. Dafür setzte diese neuerliche Planung des Büros das um, womit sich schon ihre Konkurrenz disqualifiziert hatte. Denn obwohl die Niederländer den Wettbewerb unter anderem deswegen gewinnen konnten, weil sie den Kaispeicher A wenigstens in seiner Gesamterscheinung erhalten wollten, entwarfen sie 2002 eine Version, die vom Komplettabriss ausging. Ein schlankerer und dafür höherer Turm (hundert Meter sollten erreicht werden) stand nun im Rücken eines gläsernen Neubaus mit der Kubatur des Speichers, der mit irisierenden Bändern aus verschiedenen Materialien umschlungen war. Aber bevor dieser zweite Entwurf überhaupt richtig publiziert und in der Öffentlichkeit wahrgenommen wurde, verschwand das Projekt im Papierkorb der Entwickler. Ein Medienzentrum in einer durchschnittlichen Verpackung erwies sich als unverkäuflich.

Vom heutigen Standpunkt kann man nur dankbar sein, dass diese mediokre Lösung gescheitert ist und der symbolische Bauplatz nicht durch die nächste beliebige Büronutzung verstellt wurde. Damals aber verstanden viele Kritiker das verunglückte Projekt bereits als eine Prophezeiung für das Gesamtprojekt HafenCity. Die öffentliche Beobachtung des zyklopischen Unterfangens, auf 100 Hektar Landfläche einen neuen Stadtteil zu erbauen, war anfänglich noch stark durchsetzt von Skepsis, Einwänden, Befürchtungen und politischer Gegnerschaft. So gesehen bedeutete das Ende des MediaCityPorts gleichzeitig eine erste große Krise für die gesamte Unternehmung. Wenn die Stadt es nicht einmal schaffte, den Signalbau für die ganze weitere Entwicklung zu realisieren, wie wolle sie dann das 5-Milliarden-Euro-Werk auf zehn Kilometern Kailinie über zwanzig Jahre zum Laufen bringen, fragten nicht nur Investoren, sondern auch Architekten und Bürger.

Als kaum noch jemand an einen Erfolg des Medienzentrums glaubte, präsentierte der Hamburger Projektentwickler Alexander Gérard Ende

Juni 2003 sein Konzept einer Elbphilharmonie. Gemeinsam mit dem Investor Patrick Taylor – mit dem Gérard in den Neunzigern das benachbarte Hanseatic Trade Center entwickelt hatte, bevor sie sich im Streit trennten und Taylor mit seiner Investmentfirma P&O die Kehrwiederspitze allein bebaute – zeigte Gérard jenen Entwurf einer Elbphilharmonie, der in abgewandelter und fortentwickelter Form nun zur Ausführung kommt. Und von dem der Architekt Pierre de Meuron vom Basler Büro Herzog & de Meuron bereits auf der Pressekonferenz versprach, dass dieses Gebäude für Hamburg den Stellenwert des Guggenheim-Museums für Bilbao oder der Oper für Sydney bekommen werde.

Das damals 61 Meter hoch geplante gläserne Wellengebirge auf dem 35 Meter hohen, roh belassenen Backsteinspeicher, das als Modell und in Animationen vorgestellt wurde, machte damals die spannenden Gegensätze des Hafens sofort auf brillante Weise sinnfällig: Das Miteinander von Wasser und Kais zeigte sich offensichtlich in den unterschiedlichen Formen und Materialien der beiden Bauteile. Alt und Neu fügten sich hier kongenial zusammen, wobei die robuste Beständigkeit des Kaispeichers als Zeichen für Tradition und die gefangene Flüssigkeit des Aufbaus als Motiv des ewigen Wandels verstanden werden konnten. In seiner schlüssigen Verbindung fand der Entwurf ein Bild für das konstruktive Miteinander von Risiko und Solidität, das als Wahrzeichen einer Handels- und Hafenstadt symbolisch, aber nicht platt wirkte. Und außerdem gelang mit dem Bild der Wellen auch eine metaphorische Verbindung zur Musik.

Bereits seit 2001 hatte Gérard mit seiner Partnerin Jana Marko in der Stadt Klinken geputzt, um ein weiteres stadtplanerisches Desaster wie an der Kehrwiederspitze zu verhindern, wo schließlich 110 000 Quadratmeter Büroflächen in minderwertiger Architektur die Prominenz des Ortes karikierten. Auf dem Kaispeicher nebenan, so Gérards Lehre aus dem Kehrwiederprojekt, dürfe es keine weitere, rein finanziell begründete Immobilienlösung geben, mit der die Stadt zwar viel Geld für das Grundstück einnähme, aber dafür ihren letzten bedeutenden Ort für einen gesamtstädtisch wichtigen Symbolbau im Fluss vergäbe. Nur eine kulturelle Nutzung in einer sensationellen Architektur könne die Signalwirkung entfalten, die das Kaiserhöft zu einem Ort für alle Hamburger machen

und auch Touristen und internationale Investoren für die dahinterliegende HafenCity begeistern würde.

Doch die Idee, den Kaispeicher in ein internationales Konzerthaus umzuwidmen, stieß bei der alten SPD-geführten Regierung zunächst auf taube Ohren. Obwohl der beschlossene HafenCity-Masterplan aus dem Jahr 2000, der auf einem Entwurf des holländischen Architekten Kees Christaanse basierte, an dieser Stelle eindeutig eine kulturelle Sondernutzung vorsah, steuerte die Politik unverdrossen auf das Projekt Medienzentrum zu. Der ehemalige Oberbaudirektor Egbert Kossak hatte zwar ursprünglich den Umzug der Oper in einen Neubau am Wasser wie in Sydney favorisiert, und Bürgermeister Henning Voscherau hätte gerne das Norddeutsche Parlament dort gesehen, das ihm für den Fall einer Länderfusion mit Schleswig-Holstein und Niedersachsen vorschwebte. Aber die Realpolitik setzte sich am Ende – wie so oft in Hamburg – durch und begrub Visionen für kurzfristig profitabel erscheinende Lösungen. Auch der Machtwechsel im Oktober 2001 zur CDU-Schill-FDP-Regierung unter dem Ersten Bürgermeister Ole von Beust änderte an der skeptischen Haltung des Senats nichts.

Erst als die renommierten Architekten Herzog & de Meuron die Ausarbeitung des Projektes übernahmen, begann sich die Meinungslage zu verändern. Gérard hatte Ende 2002 seine einstigen Studienkollegen aus Zürich, Jacques Herzog und Pierre de Meuron, gefragt, ob sie es sich vorstellen könnten, trotz des entschiedenen Wettbewerbs für einen MediaCityPort an einer Konzerthauslösung mitzuarbeiten. Als dann deren Büropartnerin Christine Binswanger zu einer Barkassenfahrt nach Hamburg kam, bei der an einem typischen Schietweddertag plötzlich der Himmel aufriss und die rote Abendsonne den Kaispeicher in eine golden strahlende Schatzkiste verwandelte, soll sie ausgerufen haben: »Das ist ja wie St. Giorgio in Venedig«, womit der Geheimauftrag fast schon angenommen war.

Von Anfang an bestand die Idee darin, den Kaispeicher als mischgenutztes Objekt zu entwickeln, sodass der Verkauf von Luxuswohnungen und der Bau eines Hotels mit Parkhaus die Klangräume finanzieren könne. Erste Planungen sahen vor, Konzerthalle und Parkhaus in Kallmor-

gens Trapez zu integrieren, einen Hotelturm daneben ins Wasser zu stellen und die Wohnungen aufs Dach zu setzen. Doch nachdem Herzog & de Meuron Dutzende Türme in den Hafenbecken entworfen hatten, erklärten sie, keinen weiteren »Spargelstumpf« hierhin stellen zu wollen, und überraschten mit der Idee, die gesamte Nutzung mit Ausnahme des Parkhauses auf dem Speicher unterzubringen.

Das Denkmalschutzamt jedoch hatte inzwischen die Abrissgenehmigung für den Speicher erteilt, um den Neubau des MediaCityPorts zu ermöglichen. Der Bauplatz war also längst verplant, die Willenserklärung für das Medienzentrum konnte auch nicht einfach zurückgenommen werden, und die damalige Kultursenatorin Dana Horáková besetzte mit ihrer Idee eines Konzertsaals mit integriertem Aquarium am Magdeburger Hafen ohnehin den politischen Raum – allerdings überwiegend sehr kritisch kommentiert.

Doch die im Tenor euphorische Berichterstattung der Presse sowie ein Unterstützerbrief der Hamburger Architektenschaft aus dem August 2003, der mit seinem neidfreien Beifall für die Arbeit der Schweizer Konkurrenten den Senat so verblüffte, dass er das Projekt auf einer Senatssitzung diskutierte, hatten dann entscheidenden Anteil an der Wendung. Getragen von der starken Zustimmung von Architekten, Bürgern, Investoren und dem deutschen Feuilleton für die Idee einer Elbphilharmonie auf dem Kaispeicher A, richteten auch Senat, Bürgerschaft und Behörden ihre Meinung neu aus. Das »AquaDome«-Projekt von Senatorin Horáková wurde im Oktober 2003 zu den Akten gelegt, und im Dezember erklärte der Erste Bürgermeister Ole von Beust seine Unterstützung für das Projekt Elbphilharmonie. Aus einer schönen Idee war ein offizielles Senatsprojekt mit breiter öffentlicher Unterstützung geworden.

Um der allgemeinen Euphorie für die schöne Architektur und die öffentliche Nutzung des Projektes Elbphilharmonie auch technisch Rechnung zu tragen, musste nun eine konkrete Durcharbeitung des Entwurfs mit einer verlässlichen Kostenkalkulation folgen. In diesem Prozess galt es zunächst, zahlreiche grundsätzliche Fragen zu klären: War es möglich, den Neubau auf die vorhandenen 1111 Gründungspfähle des Kaispeichers zu setzen? Wie sollte der Konzertbetrieb vor dem Lärm des

Hafens geschützt werden? Wie könnte man umgekehrt den Nutzern von Hotel und Wohnungen stille Abende garantieren, wenn direkt nebenan ein Symphonie-Orchester spielt? Wie steht es um die Akustik des Saals? Auf welche Weise ließ sich die Elbphilharmonie an das Netz des öffentlichen Personennahverkehrs anbinden? Droht der Neubau die Bebauung auf dem Dalmannkai zu verschatten?

Bedeutsamer noch als diese Fragen waren finanzielle und rechtliche Problemstellungen. Wie können die komplizierten eigentumsrechtlichen Probleme eines Baus gelöst werden, in dem öffentliche Nutzung und privater Wirtschaftsbetrieb nebeneinander existieren?

Um die Interessen der Stadt zu bündeln, setzte der Senat im Mai 2004 den Geschäftsführer der stadteigenen Projekt-Realisierungsgesellschaft, ReGe Hamburg, Hartmut Wegener, als Projektkoordinator für die Elbphilharmonie und damit als Bauherrn ein. Patrick Taylor hatte das Projekt zu diesem Zeitpunkt bereits verlassen und war durch den Hamburger Developer Dieter Becken ersetzt worden. Im November 2004 übernahm die ReGe die weitere Entwicklung der Elbphilharmonie vollständig von den Initiatoren und zahlte beide aus.

Im Sommer 2005 präsentierte die ReGe eine Machbarkeitsstudie, die die technischen und wirtschaftlichen Realisierungsmöglichkeiten der Elbphilharmonie sowie Rechtsfragen klärte. Parallel dazu wurde ein europaweites Investorenverfahren durchgeführt, in dem sich die Bietergemeinschaft IQ² – bestehend aus Hochtief und Commerzleasing – im Herbst 2006 durchsetzte. Das Investorenkonsortium baut die Elbphilharmonie für die Stadt zu einem Festpreis und in einem gesicherten zeitlichen Rahmen und verpflichtet sich, den hohen Anspruch an die Bauqualität umzusetzen sowie auf zwanzig Jahre die Wartung des Gebäudes und die hochwertige Verpachtung der kommerziellen Bereiche zu garantieren. Die Stadt bleibt Eigentümerin des Hauses mit Ausnahme des Wohnbereichs.

Außerdem wurde ein integriertes Konzept für Musikhalle und Elbphilharmonie beschlossen, das die gemeinsame Bespielung durch einen Generalintendanten vorsieht – ein Posten, für den Kultursenatorin Karin von Welck im Mai 2006 den Wiener Konzertmanager Christoph Lieben-

Seutter berief; der langjährige Leiter des Wiener Konzerthauses, der dort erfolgreich Klassik mit Jazz und Weltmusik mischte, soll nach dem Willen der Senatorin in Hamburg ein Programm von »Weltformat« entwickeln.

Dass die Idee einer Elbphilharmonie nicht nur eine diffuse Öffentlichkeit faszinierte, sondern tatsächlich großes bürgerschaftliches Engagement freisetzte, lässt sich am besten an der Spendenbereitschaft ablesen. Da der Finanzierungsplan stets einen bedeutenden Anteil an privaten Zuwendungen vorsah, wurde Ende 2005 die Stiftung Elbphilharmonie bei der M.M. Warburg Bank und der HSH Nordbank gegründet. Bis Anfang 2007 konnte von der Stiftung eine Spendensumme von über 64 Millionen Euro akquiriert werden. Die Hamburger Unternehmer Hannelore und Helmut Greve sagten als erste 30 Millionen Euro als Spende zu; damit war auf einen Schlag die in der Machbarkeitsstudie als Zielgröße formulierte Summe zusammengekommen. Der Versandhauschef Michael Otto und die Reemtsma-Stiftung folgten mit jeweils 10 Millionen, die Körber-Stiftung gab 3 Millionen, und weitere 11 Millionen gingen bis Anfang 2007 durch gut 5000 Einzelspender und anonyme Spender ein.

Trotz dieses enormen Bürgerengagements sorgte die Kostenentwicklung für Diskussionen. In der verständlichen Absicht, zunächst gute Stimmung für das Projekt zu machen, hatte Gérard auf seiner Pressekonferenz 2003 davon gesprochen, dass die Errichtung der Philharmonie den Investitionshaushalt der Stadt mit keinem Euro belasten würde, wenn der Senat den Investoren das auf 36 Millionen Euro geschätzte Grundstück kostenlos zur Verfügung stelle. Lediglich eine Beteiligung an den Betriebskosten würde auf den Haushalt zukommen. Dadurch hatte sich der Eindruck verfestigt, dass Hamburg die Elbphilharmonie quasi geschenkt bekommt.

Als Projekt-Koordinator Wegener übernahm, musste zunächst ein technisch wie wirtschaftlich tragfähiges Konzept entwickelt werden, das mit breiter Akzeptanz in der Bevölkerung rechnen konnte. Teile der Bürgerschaft, die den öffentlichen Anteil an den Baukosten später zu bewilligen hatte, nahm Anstoß an den steigenden Kostenansätzen – in mehreren Schritten entwickelte sich die Summe von der scheinbaren Null auf schließlich 241,3 Millionen Euro Gesamtbaukosten; der Anteil der Stadt

Hamburg beziffert sich dabei auf 114,3 Millionen Euro, den die Bürgerschaft schließlich bewilligte. Laut Aussage des Bauherrn sind die Kosten im Vergleich zu anderen Konzerthäusern niedrig.

In der Debatte um die Finanzierung wurde immer wieder die Frage aufgeworfen, ob sich die städtischen Investitionen rentieren würden. Dazu muss man die Elbphilharmonie in einer langen Reihe von ähnlichen Projekten betrachten, bei denen Städte internationale Stararchitekten damit beauftragt haben, aufsehenerregende Kultureinrichtungen zu bauen. Als Bilbao-Effekt in den Sprachgebrauch eingegangen, steht dahinter die Überlegung, dass eine Stadt mit einem spektakulären Riesenbau von einmaliger architektonischer Aussage große wirtschaftliche Erfolge erzielen könne – das Guggenheim-Museum von Frank O. Gehry, das er an den Fluss Nervión von Bilbao gesetzt hat, steht hierfür Pate.

Fakt ist aber, dass der Bilbao-Effekt keineswegs bewiesen ist und vor allem am Ort seiner Erfindung nie so sensationelle Ergebnisse erbracht hat, wie immer behauptet wurde. 2006 überraschte eine Studie, die erstmals dezidiert alle Kosten der Guggenheim-Implantation im Baskenland mit den nachweisbaren Rückflüssen in die Stadtkasse verglich und dabei feststellte, dass sich der 1997 eröffnete Gehry-Bau keineswegs in kürzester Zeit amortisiert hat und das auch auf lange Zeit nicht tun werde. Eine solche Studie muss zwar keineswegs für alle im Geiste des Bilbao-Effekts errichteten Superbauten gültig sein, aber die so gerne ins Feld geführte Behauptung, Kulturinvestitionen würden sich stets mehrfach zurückzahlen, mit der viele Stadtparlamente von spektakulären Projekten überzeugt werden sollen, ist kein Naturgesetz. Vielmehr sind die tatsächlichen wirtschaftlichen Rückflüsse, die aus Mehreinnahmen bei Hotels, Restaurants und Transportunternehmen zweifellos entstehen, nur sehr schwer zu kalkulieren.

Diese so genannte Umwegrentabilität eines spektakulären Gebäudes kann aber ohnehin nicht das Hauptargument für seine Errichtung sein. Der Nutzen solcher Projekte liegt generell anderswo: Ein Gebäude wie die Elbphilharmonie hat seine erste Aufgabe darin, Stolz, Selbstbewusstsein und Heimatzufriedenheit zu befördern. In einer Stadt des Understatements, wo man sich des Protzes traditionell eher schämt, ist

dieses Argument zwar nur leise zu hören, aber tatsächlich fühlt sich eine Metropole mit großartigen Bauten wie ein Mensch in schönen Kleidern – einfach besser. Und deswegen muss das entscheidende Augenmerk auch nicht darauf gerichtet sein, ob Hamburg seine 114 Millionen irgendwann wieder im Steuersäckel hat, sondern ob dieser Bau die Qualität besitzt, auch in 50 Jahren noch den Stolz der Hamburger auf ihre Stadt zu beflügeln.

Die Hauptfrage lautet: Ist die Elbphilharmonie nach dem Entwurf von Herzog & de Meuron wirklich die Weltklassearchitektur, die alle Beteiligten der Öffentlichkeit versprechen? Ein Vergleich zu den zahlreichen Gebilden für musikalische Zwecke, die zuletzt von der bekannten Handvoll Jet-Set-Architekten errichtet wurden, ist hier hilfreich: Ob in Porto (Architekt: Rem Koolhaas), Luzern (Jean Nouvel), Los Angeles (Frank O. Gehry), Luxemburg (Christian de Portzamparc), Rom (Renzo Piano) oder Valencia (Santiago Calatrava) – bei dem, was man heute Weltklassearchitektur nennt, geht es darum, dem Gebäude die Physis einer Skulptur zu geben. Dank der bautechnischen Errungenschaften der letzten Jahrzehnte kann heute beinahe jedes Kunstgebilde in ein Haus übersetzt werden. Diese Entwicklung hat der Architektur die ungeheure Freiheit geschenkt, sich von der reinen traditionellen Bauaufgabe zu lösen. Die Frage an die Architektur lautet deswegen heute nicht mehr, ob sie lokalen und historischen Konventionen antwortet, sondern ob sie eine überzeugende Großplastik im öffentlichen Raum ergibt, die zugleich alle funktionalen Belange erfüllt.

Diese Entwicklung hat allerdings auch den Trend ausgelöst, dass viele Gebäude heute entweder wie reine Markenarchitektur aussehen, die überall in der Welt als wiedererkennbares Zeichen des Architekten begriffen werden (bestes Beispiel: Frank O. Gehrys Erdbebenästhetik), oder aber ohne Bezug zum städtebaulichen Kontext dastehen, als wären sie direkt aus der Designhölle an ihren Bauplatz gedrückt worden. Der Elbphilharmonie von Herzog & de Meuron jedoch gelingt es in brillanter Manier, die Errungenschaften der zeitgenössischen Architektur auszureizen, ohne die eitlen Fehler des Starkults zu wiederholen. Denn das Wellengebirge ist eindeutig aus der Persönlichkeit des Bauplatzes entwickelt, kommuniziert

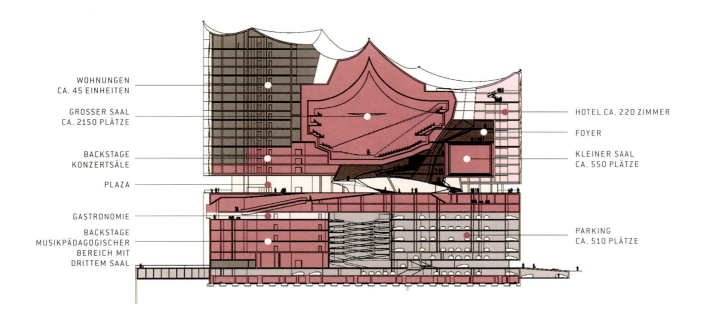

WOHNUNGEN
CA. 45 EINHEITEN

GROSSER SAAL
CA. 2150 PLÄTZE

BACKSTAGE
KONZERTSÄLE

PLAZA

GASTRONOMIE

BACKSTAGE
MUSIKPÄDAGOGISCHER
BEREICH MIT
DRITTEM SAAL

HOTEL CA. 220 ZIMMER

FOYER

KLEINER SAAL
CA. 550 PLÄTZE

PARKING
CA. 510 PLÄTZE

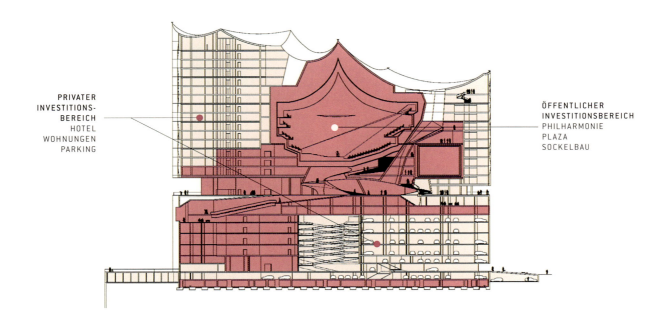

PRIVATER
INVESTITIONS-
BEREICH
HOTEL
WOHNUNGEN
PARKING

ÖFFENTLICHER
INVESTITIONSBEREICH
PHILHARMONIE
PLAZA
SOCKELBAU

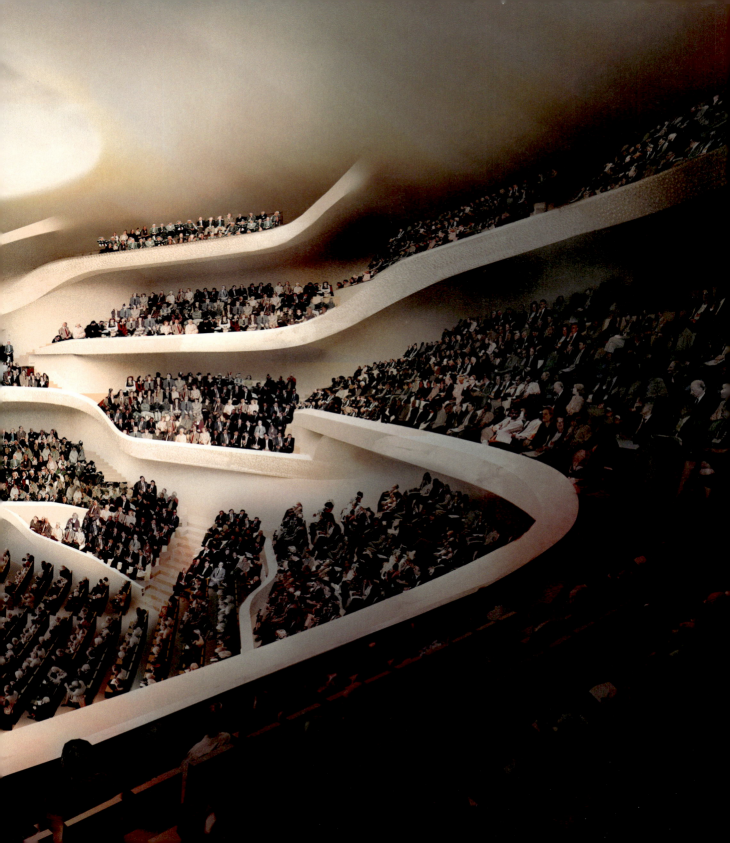

mit dem Vorhandenen und dem Charakter der Stadt, es sieht nicht aus wie zehn andere Bauten von Herzog & de Meuron und erzeugt dennoch ein starkes Superzeichen von großer Differenziertheit.

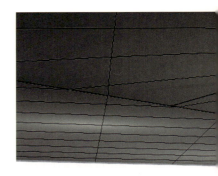

Die Dialektik von alt und neu, fest und flüssig, verschlossen und transparent, aus der sich die Synthese des Doppelgebildes entwickelt, setzt sich nach mehreren Überarbeitungen durch die Architekten auch in vielen Details fort. Die ausgestülpten Fenster etwa, die als Sonderanfertigung in zwei Typen die Glashaut des Gebäudes überziehen werden, verstärken den liquiden Eindruck des Aufsatzes, ohne die Massivität des Blocks aufzulösen. Als Ganzes bewahrt die Elbphilharmonie eine strenge Monumentalität, die sie überall mit verletzlichen, durchsichtigen und spielerischen Elementen wieder auflöst. Wobei dem Spiel mit Tag und Nacht hier entscheidende Bedeutung zukommt. Tags, wenn die spiegelnden Glasflächen den Einblick verwehren, tritt das Gebäude eher introvertiert auf, nachts, wenn das musikalische Innenleben beginnt, leuchtet das Gebäude aus sich heraus.

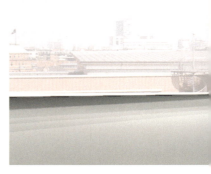

Im Weiteren ist das Miteinander von öffentlichen, halböffentlichen und privaten Funktionen überzeugend gelöst. Die Panorama-Ebene zwischen Alt- und Neubau, die den alten Speicher um 2 Meter auf 37 Meter erhöhen wird, verspricht ein öffentlicher Raum von filmischer Opulenz zu werden. Das von den Architekten selbst gelegentlich als »Tropfsteinhöhle« oder »Sandwichebene« bezeichnete frei zugängliche Gewölbe auf dem Dach des alten Speichers entwickelt sich als ein Raumkontinuum mit unterschiedlichsten Fassungen und Ausblicken. Wellenförmige Decken- und Bodenbewegungen wechseln sich ab mit mehrstöckigen Ausschnitten in elliptischen Formen. Schräge Säulen und höhlenartige Treppenaufgänge zu den Konzertsälen sowie verglaste Cafés und die Foyers für Hotel- und Appartementteil schaffen eine reiche Abwechslung, wie sie kaum ein Stadtplatz in Hamburg bisher bietet. Die überdachte Plaza ist in bester demokratischer Manier ein Gewinn für die Qualität der Stadt – und eröffnet die Hoffnung, dass die Elbphilharmonie ein Haus für alle werden kann.

Gleichzeitig bietet das Gebäude mit seinem Mantel aus Privatwohnungen und Hotelzimmern dem individuellen Luxusbedürfnis jener Men-

schen, die mit ihrem Geld dafür sorgen, dass das Gebäude in einer Mischkalkulation aus privaten und öffentlichen Mitteln überhaupt entstehen kann, ein kaiserliches Ambiente. Die Bewohner der 43 Wohnungen zwischen 120 und 380 Quadratmetern am Bug des Traumschiffes sowie des 5-Sterne-Hotels am Heck mit 250 Zimmern finden hier den permanenten Ausnahmezustand eines sensationellen Panoramas.

Der Hauptsaal für rund 2150 Zuschauer mit seiner zentrischen Anlage – das Publikum sitzt rund um das Orchester – erinnert in der Konzeption stark an die Architektur der Berliner Philharmonie von Hans Scharoun und deren geistigen Vorläufer: das »Totaltheater« von Walter Gropius und Erwin Piscator, mit dem 1927 erstmals der Versuch gemacht wurde,

das Guckkastenprinzip von Theatern und Konzertsälen in einen Gemeinschaftsraum für Akteure und Zuschauer zu überführen. »Wir haben verschiedene Konzertsäle studiert«, sagt Pierre de Meuron, ohne das Vorbild zu leugnen, »und uns dann für einen Typus entschieden, der weniger hierarchisch ist. Musiker und Zuschauer sehen wir als eine Einheit. Damit wird die Interaktion möglichst intensiv, und wie beim Fußball springt der Funke über.«

In der Überarbeitung seit der ersten Präsentation der Innenräume im April 2005 hat der Entwurf an Pop verloren, dafür aber an Ruhe gewonnen. Die knallgelbe Terrassenlandschaft, die ursprünglich das biedere Image der Klassik mit fröhlicher Signalfarbe und glamouröser Masseninszenierung läuterte, wurde im endgültigen Design sehr zurückgenommen. Hier wie auch in den Foyers tritt nun ein dezenteres Beige an die Stelle der Bonbonfarbe. Die vielfach geriffelten und geschwungenen Balustraden und die organisch gestalteten Treppenlandschaften der ersten Idee haben sich verwandelt in sandsteinfarbene, sich sanft um den Raum schlängelnde Steinbänder und kantige Freitreppen. Obwohl die Architekten auf dem Weg zur Realisierung also scheinbar ein klein wenig der Mut zum Spektakel verlassen hat, verspricht die zur Realisierung beschlossene Lösung noch immer ein sehr spezielles Raumerlebnis zu werden. Durch die schwingenden Linien, den Wechsel in Höhen und Farbklängen, die Offenheit der Struktur bei gleichzeitiger Stabilität und die Atmosphäre der Leichtigkeit erfüllt der Entwurf das auf Schopenhauer zurückgeführte Bonmot, Architektur sei gefrorene Musik.

Ergänzt wurden die ursprünglichen Entwürfe durch entscheidende Änderungen. Die Deckenform des Konzertsaals korrespondiert nunmehr mit der äußeren Dachform. Das erfordert den Einbau eines gigantischen trichterförmigen Schallreflektors, mit dem der japanische Akustiker Yasuhisa Toyota den Klang des Saals optimieren will. Dieses wie ein riesiges Wespennest herabhängende Gebilde hat die ästhetische Kraft, ein Logo des Konzertbetriebs zu werden, und es wird außerdem einen Teil der Lichtinszenierung des Saals bilden.

Es handelt sich bei diesem Entwurf zweifellos um eine der bedeutendsten Architekturideen der Gegenwart. Und obwohl man in der Zeit perfekter Computer-Renderings schon zahlreiche Häuser gesehen hat, bei denen die Ausführung mit den tollen Bildversprechungen nicht mehr viel gemeinsam hatte, sind die Entwürfe von Herzog & de Meuron in der Vergangenheit mit großer Sorgfalt umgesetzt worden. Dass diese Elbphilharmonie Menschen in aller Welt faszinieren wird, ist deshalb kaum anzuzweifeln. Kritischer ist die Frage der tatsächlichen Nutzung: Ein Konzerthaus mit circa 3000 Plätzen in drei Sälen, zu denen die 2800 Plätze der alten Musikhalle noch dazukommen, kalkuliert mit einer Nachfrage nach klassischer Musik, die nicht den allgemeinen Erfahrungswerten entspricht. Demzufolge entwickelt der Intendant Christoph Lieben-Seutter eine Strategie für das Haus, welche die Grenzen der Klassik sehr flexibel denkt: »Wir wollen Programm für alle machen.« Und darunter versteht er neben dem angestammten Repertoire auch Schlager, Jazz, Weltmusik und Pop. Technik und Akustik des Hauses werden deshalb von Anfang an auf die Belange der elektronischen Musik mit ausgelegt.

Bis zum feierlichen Eröffnungskonzert der Elbphilharmonie im Sommer 2010 liegt nun ein architektonisch wie programmatisch hochinteressanter Prozess vor allen Beteiligten. Wird die Elbphilharmonie wirklich der »magische Ort«, den Pierre de Meuron den Hamburgern verspricht? Eine Versammlungsstätte, die die Begeisterung eines Fußballstadions mit der Faszination einer Kirche verbindet, wie sein Partner Jacques Herzog es ausdrückt? Wie auch immer es ausgeht, am Ende wird die Stadt an ihrer schönsten Landzunge eine neue Hafenkathedrale besitzen, in die fast tausend Jahre Hamburger Geschichte münden.

Zu den Abbildungen

Seiten 6/7 Der 1875 eröffnete Kaiserspeicher umrahmt vom Mastenwald des Sandtorhafens, dem ersten künstlichen Hafenbecken Hamburgs (Lithografie eines unbekannten Künstlers).

Seiten 10/11 Die Front des Kaiserspeicher im Dunst der Elbe. Die Schiffe im Niederhafen haben an Duckdalben festgemacht.

Seiten 12/13 Das westliche Ende der Speicherstadt, Kehrwiederspitze und Kaiserspeicher, gesehen von der Hochbahn am Baumwall, mit deren Bau 1906 begonnen wurde.

Seite 14 Hafenarbeiter beim Beladen am Baumwall, im Hintergrund die Niederbaumbrücke, die zur Kehrwiederspitze führt.

Seiten 16/17 Stückgut, also Fässer und Säcke, werden auf der Südseite des Kaiserspeichers verladen. Auf sechs Etagen besaß der Bau insgesamt 19 000 Quadratmeter Speicherfläche, hydraulische Kräne und einen als Schauturm verkleideten Schornstein für die Dampfkesselanlage.

Seite 19 Der Kaiserspeicher, der mehr wie ein kathedraler Bau als ein Lagerhaus wirkt, steht stolz an der Spitze vom Kaiserhöft, mit der Schaufassade stromabwärts. Dalmanns kirchenähnlicher Monumentalspeicher diente bis zu seiner Zerstörung 1943 als Wahrzeichen des Hafens.

Seite 20 Die belebten Landungsbrücken, Duckdalben in mehreren Reihen und im Hintergrund der Kaiserspeicher.

Seiten 22/23 Hafen mit Kaiserhöft und Speicher im Hintergrund (1930er Jahre).

Seite 24 Hang zu gotischen Formen: Vor allem der Hauptturm, aber auch Ladetürme wie Fenster und Torgestaltungen des Kaiserspeichers wagten Assoziation zu mittelalterlichen Bauten, auch wenn die Gesamterscheinung im dunklen Backstein keinen Zweifel an der wirtschaftlichen Funktion des Gebäudes ließ.

Seiten 26/27 Einsame Größe auf der Landzunge: Die Monte Rosa hat 1930 an den Duckdalben vorm Kaiserspeicher festgemacht, der durch seine Mächtigkeit jahrzehntelang das Umfeld dominierte.

Seite 34 Der Zweite Weltkrieg vernichtete im Hafengebiet das meiste an historischer Bausubstanz. In der zur Hälfte zerstörten Speicherstadt klafften grässliche Lücken. Der Turm des Kaiserspeichers stand zwar noch, aber seine Seitenflügel hatten während der Bombennächte von 1943 so starke Treffer erhalten, dass eine Weiternutzung kaum möglich schien. Das Gebäude wäre rekonstruierbar gewesen, doch Hamburg legte den Kaiserspeicherrest 1963 nieder und sprengte den Turm.

Seite 35 Vor der Sprengung des Turms wurde die Feuerglocke des Speichers geborgen.

Seite 37 Der Kaispeicher A wird von 1963 an auf dem Kaiserhöft nach den Plänen von Werner Kallmorgen gebaut.

Seite 38 Ein Schiff hat am Kaispeicher angelegt, um seine Ladung zu löschen (Luftaufnahme von 1970).

Seite 41 Mit Hilfe der Halbportalkräne an der Südseite wird begonnen, Ladung aus dem Bauch eines Schiffes zu heben (1974).

Seite 42 Eine Palette mit Kakaobohnen schwebt in die Höhe.

Seite 43 Lagerarbeiter nehmen die Lieferung in Empfang.

Seite 44 Die Säcke werden abgeladen.

Seite 45 Warten auf weitere Ware.

Seite 46 Die Säcke werden gelagert.

Seite 47 Weitere Paletten folgen.

Seite 48 Auf rund 30 000 Quadratmetern und damit auf deutlich mehr Fläche als im Dalmann'schen Speicher wurden im Kallmorgen-Bau einige Jahre lang Millionen Säcke Kakao, Tabak und Tee gelagert.

Seite 49 Der Kaispeicher A wurde noch als klassischer Lagerraum für Stückgut errichtet, aber Architekt Werner Kallmorgen hatte bei seinem Entwurf ein zu enges Stützenraster gewählt: Das behinderte die Arbeit in dem Gebäude.

Seiten 50/51 An der Ostseite des Speichers werden die Säcke auf Lastwagen gepackt.

Seiten 52/53 Ein Stückgutfrachter hat am Kaispeicher angelegt (1975).

Seite 56 Die Westfassade vom Kaispeicher A.

Seite 57 Vier Halbportalkräne an der Südseite, flussaufwärts gesehen.

Seite 58 Die Ostfassade mit dem berühmten Schriftzug und die Südseite mit ihren Kränen.

Seite 59 Die Halbportalkräne, flussabwärts gesehen.

Seiten 62/63 Architektonisch war Kallmorgens Entwurf umstritten. Der puristische, nahezu fensterlose und grobkantige Backsteinquader hatte von Anfang an vehemente Kritiker wie Verfechter.

Seiten 64/65 bis 92/93 Werner Kallmorgens asketische Speicherarchitektur besitzt bei aller Dominanz sowohl in der Gesamterscheinung als auch im Detail große Qualitäten: Mit seiner eigenwilligen Trapezform der vier unterschiedlich langen Seiten gewinnt man von dem Volumen des Baukörpers aus jeder Perspektive einen anderen Eindruck. Obwohl der Speicher im Zeitgeist einer aufgeklärten Nachkriegsmoderne als sachlicher und schmuckloser Nutzbau konzipiert wurde, der gerade deswegen Symbolwert für eine neue, rationale Zeit in sich trug, hat er die Anmutung einer wehrhaften Bastion an einem besonderen und geschichtsträchtigen Bauplatz – innen wie außen, früher wie heute und in der Fotostrecke des Hamburger Fotografen Oliver Heissner sichtbar.

Seiten 98/99 Die Elbphilharmonie von Nordosten aus gesehen, wie sie am Abend wirken könnte.

Seite 101 Nutzung der Elbphilharmonie und ihre Investitionsstruktur.

Seite 102 Das zukünftige Foyer.

Seite 103 Die Plaza – der öffentliche Platz – soll das Herzstück der Elbphilharmonie werden.

Seiten 104/105 Der Hauptsaal für rund 2150 Zuschauer mit seiner zentrischen Anlage – das Publikum sitzt rund um das Orchester.

Seite 107 (oben) Blick von der Plaza auf die Stadt.

Seite 107 (unten) Öffentlicher Raum über dem Fluss in 37 Metern Höhe.

Seiten 108/109 Blick von der Plaza Richtung Süden auf Köhlbrandbrücke und Hafen.

Seiten 112/113 Leuchtende Vision: So soll die Elbphilharmonie ab 2010 von Westen aus gesehen in der Nacht strahlen.

Literaturhinweise

Architekten- und Ingenieurverein: Hamburg und seine Bauten 1842–1890, Hamburg, 1890

Architekten- und Ingenieurverein: Hamburg und seine Bauten 1954–1968, Hamburg, 1968

Architekten- und Ingenieurverein: Hamburg und seine Bauten 1985–2000, Hamburg, 2000

Baues, Norbert u.a.: Das Neue gegen das Alte – Werner Kallmorgen – Hamburger Architekt der Nachkriegszeit, Hamburg, 2003

Beneke, Otto: Hamburgische Geschichten und Sagen, Berlin, 1888

Bose, Michael u.a.: »ein neues Hamburg entsteht ...«, Planen und Bauen von 1933–1945, Hamburg, 1986

Dönhoff, Friedrich, Barenberg, Jasper: Ich war bestimmt kein Held – Die Lebensgeschichte von Tönnies Hellmann, Hafenarbeiter in Hamburg, Reinbek, 1998

Dombrowski, Herbert: Werftfotografie aus den 50er Jahren, Hamburg, 2001

Domizlaff, Svante, Horacek, Milan: Das große Hamburger Hafenbuch, Hamburg, 1997

Freie und Hansestadt Hamburg: Stadtentwicklungskonzept, Hamburg, 1995

Freie und Hansestadt Hamburg: Perlenkette, Hamburgs Hafenrand, Hamburg, 2000

Frühauf, Anne: Die Bauwerke des Schienenverkehrs in Hamburg, Hamburg, 1994

Gesellschaft für Hafen- und Standortentwicklung mbH in Zusammenarbeit mit der Stadtentwicklungsbehörde der Freien und Hansestadt Hamburg: HafenCity Hamburg. Der Masterplan, Hamburg, 2000

Gesellschaft für Hafen- und Standortentwicklung mbH in Zusammenarbeit mit der Behörde für Bau und Verkehr der Freien und Hansestadt Hamburg: HafenCity Hamburg. Städtebau, Freiraum und Architektur, Hamburg, 2002

Grobecker, Kurz: Hamburg amüsiert sich, Hamburg, 1996

Groenewold, Elke, Ohl, Gunhild: Bönhasen – Pfuscher – Freimeister – Die »handarbeitende Classe« St. Paulis im 19. Jahrhundert, Hamburg, 1990

Gudjonsdottir, Anna, Krause, Till: Die schreckliche Feuersbrunst, Hamburg, 1992

HafenCity Hamburg GmbH: Vom Werden einer Stadt: Hafencity Hamburg, Hamburg, 2006

HafenCity Hamburg GmbH: HafenCity Hamburg – Projekte: Einblicke in die aktuellen Entwicklungen, Hamburg, 2006

Hamann, Johann: Arbeit im Hafen – Hamburg 1889–1911, Berlin, 1993

Hamann, Johann, Hamann, Heinrich: Historisches Hamburg, Hamburg, 1993

Hamburgische Architektenkammer: Architektur in Hamburg 2000, Hamburg 2000

Hamburgische Architektenkammer: Architektur in Hamburg 2001, Hamburg 2001

Hamburgische Architektenkammer: Architektur in Hamburg 2002, Hamburg 2002

Hamburgische Architektenkammer: Architektur in Hamburg 2003, Hamburg 2003

Hamburgische Architektenkammer: Architektur in Hamburg 2004, Hamburg 2004

Hamburgische Architektenkammer: Architektur in Hamburg 2005, Hamburg 2005

Hamburgische Architektenkammer: Architektur in Hamburg 2006, Hamburg 2006

Kludas, Arnold: Hafen Hamburg – die Geschichte des Hamburger Freihafens von den Anfängen bis zur Gegenwart, Hamburg, 1988

Kossak, Egbert, Mirjana Markovic: Hamburg – Stadt im Fluß, Hamburg, 1989

Kossak, Egbert: Speicherstadt und HafenCity, Hamburg, 2006

Kossak, Egbert: Stadt im Überfluß, Hamburg, 1993

Lange, Ralf: Speicherstadt und HafenCity – zwischen Tradition und Vision, Hamburg, 2004

Lüden, Walter: Faszination Hamburger Hafen – Fotografien aus den 50er Jahren, Hamburg, 2005

Maak, Karin: Die Speicherstadt im Hamburger Freihafen – Eine Stadt an Stelle der Stadt, Hamburg, 1985

Maass, Dieter: Der Ausbau des Hamburger Hafens 1840 bis 1910 – Entscheidung und Verwirklichung, Hamburg, 1990

Marut-Schröter, Katharina, Schröter, Jan: Hamburgs Bahnhöfe, Hamburg, 1994

Meier, Jörg Otto: Von Menschen und großen Pötten – das Hafenbuch Hamburg, Hamburg, 1996

Meyer-Veden, Hans: Hamburg – Historische Photographien 1842–1914, Berlin, 1995

Meyer-Veden, Hans, Hipp, Hermann: Hamburger Kontorhäuser, Berlin, 1988

Meyer-Veden, Hans, Sack, Manfred: Die Hamburger Speicherstadt, Berlin, 1990

Oppens, Edith: Hamburg zu Kaisers Zeiten, Hamburg, 1976

Pabel, Reinhold: Hamburger Kulturkarussell – zwischen Barock und Aufklärung, Neumünster, 1996

Pastuschka, Bernd: Kaffeeklappen – Sozial- und Architekturgeschichte der Volksspeisehallen im Hamburger Hafen, Hamburg, 1996

Puhle, Matthias: Die Vitalienbrüder – Klaus Störtebeker und die Seeräuber der Hansezeit, Frankfurt/New York, 1994

Rademacher, Henning, Lange, Ralf: Der Hafen Hamburg in den Dreißigern, Hamburg, 1996

Schubert, Dirk, Hans Harms: Wohnen am Hafen – Leben und Arbeiten an der Wasserkante. Stadtgeschichte – Gegenwart, Zukunft – Das Beispiel Hamburg, Hamburg, 1993

Schütt, Ernst Christian: Hamburg in historischen Stadtplänen, Berlin, 1995

Seemann, Agnes: Historische Entwicklung des Hamburger Hafenrandes und der Speicherstadt seit dem frühen 19. Jahrhundert, Hamburg, 1996

Uka, Walter: Rund um das Gängeviertel – Hamburg 1889–1930, Berlin, 1993

Bildnachweise

Altonaer Museum: S. 10/11, S. 14, S. 20, S. 22/23

Denkmalschutzamt Hamburg: S. 16, S. 17, S. 34

Hamburger Abendblatt, Günter Krüger (Fotograf): S. 37

Hamburgisches Architekturarchiv, Christian Spindler (Fotograf): S. 56, S. 57, S. 58, S. 59

Hamburgmuseum: S. 6/7, S. 12/13

Herzog & de Meuron: S. 5 unten, S. 98/99 bis S. 112/113

Oliver Heissner, Hamburg: S. 62/63 bis S. 92/93

Hamburger Hafen und Logistik AG (HHLA): S. 5 Mitte, S. 38

Hamburger Hafen und Logistik AG (HHLA), Gustav Werbeck (Fotograf): S. 24, S. 26/27

Hamburger Hafen und Logistik AG (HHLA), Friedrich Zitte (Fotograf): S. 41 bis S. 53

Speicherstadtmuseum Hamburg, Harald Zoch (Fotograf): S. 35

Staatsarchiv Hamburg: S. 5 oben, S. 19

Karten auf den Seiten 28 und 29: Markus Kluger, Berlin

Über die Autoren

Till Briegleb

Jahrgang 1962, ist freier Kunstjournalist und arbeitet als Autor für die *Süddeutsche Zeitung*, das Kunstmagazin *art* und diverse andere Medien zu den Themen Kunst, Architektur, Theater. Er lebt in Hamburg.

Oliver Heissner

Jahrgang 1966. Vor dem Kaispeicher A dokumentierte er unter anderem Hamburger Hochbunker und Hochhäuser, das Traditionskaufhaus Brinkmann nach der Schließung und die Bürogebäude der City Nord. Für seine gemeinsam mit Lars Peter erarbeitete Fotografie-Serie der Bonner Regierungsorte erhielt er eine Projektförderung der VG BildKunst und der Hamburger Kulturbehörde; die Arbeit wird 2007 im Deutschen Bundestag in Berlin ausgestellt. Er lebt in Hamburg.

Die Stiftung Elbphilharmonie – eine Stiftung privaten Rechts – wurde im Oktober 2005 auf Initiative der Bankhäuser M. M. Warburg & CO und der HSH Nordbank gegründet, um in bester hanseatischer Tradition die Realisierung des Jahrhundertprojektes Elbphilharmonie zu unterstützen. Ziel der Stiftung Elbphilharmonie ist es, bürgerschaftliches Engagement für die Elbphilharmonie zu ermöglichen. Hierzu initiiert und koordiniert die Stiftung Werbe- und Spendenkampagnen zu Gunsten des Projekts. Die Spendeneinnahmen der Stiftung werden für den Bau der Philharmonie verwendet. Durch Zustiftungen soll ein Stiftungskapital aufgebaut werden, dessen Kapitalerträge einen hochwertigen künstlerischen Betrieb unterstützen.

Die Stiftung Elbphilharmonie führt Spendenkonten bei den beiden Stifterbanken.

Stiftung Elbphilharmonie

M. M. Warburg & CO	HSH Nordbank
BLZ 201 201 00	BLZ 210 500 00
Kt. Nr. 44 0000	Kt. Nr. 44 0000

Aktuelle Informationen zu den Aktivitäten der Stiftung und den Möglichkeiten des Spendens und Stiftens sind unter www.stiftung-elbphilharmonie.de oder Telefon 040-3282-5260 erhältlich.